_____

_____

EVA-MARIA LEIBER

Reich an Jahren

SKV-EDITION

Vielfalt des Lebens

Wie vielfältig ist doch dein Leben,

wie reich an glücklichen Stunden,

an wohltuenden Begegnungen,

an Höhen und Tiefen. Und ist es nicht

spannend, noch immer neue Möglichkeiten

zu entdecken und neue Wege zu gehen?

Mit Mut und Lebensfreude blühen

dir auch in späteren Jahren

bunte Blumen entgegen.

Heiter durch deine Jahre

Nicht immer ist das Leben so heiter wie diese
schöne Sommerlandschaft. Manchmal befinden sich Pfützen
auf deinem Weg, aber in ihnen spiegelt sich
ab und zu ein Stückchen Himmel. Das möge dich an
deine Sonnenzeiten und Sonnenseiten erinnern. —
Und hast du nicht auch trüben Stunden bisweilen
schon ein Licht aufgesteckt?

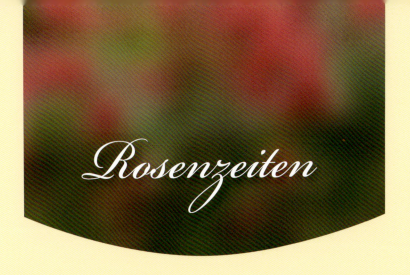

Rosenzeiten

So manchen Sommer hast du kommen
und gehen sehen. Blühende Rosenstunden
waren auch dir sicher reichlich vergönnt. Erinnere dich
dankbar an sie und sei ganz zuversichtlich,
sie kommen immer wieder. Du selber kannst Wesentliches
dazu beitragen. Es ist ganz einfach. Das Geheimnis
liegt in einem zufriedenen Herzen.

Loslassen

Herzlichen Glückwunsch!
Wie vieles ist dir in deinem Leben
schon geglückt. Darauf schau voll Dankbarkeit.
Wenn andere es in deinen Augen
weitergebracht haben,
so gönn es ihnen von Herzen.
Deine Größe liegt nicht im Mehr,
sondern im Loslassen all dessen, was dir
nicht mehr erreichbar ist.

Durchblicke wagen

Vieles auf deinem Weg
ist dir vertraut.
Das gibt Gelassenheit,
ruhig weiterzugehen
und noch voll Neugier
zu schauen,
was hinter der nächsten
Wegbiegung liegt.
Auch diesem Wegstück
mögest du getrost
entgegengehen.

Nur ein Augenblick

Was heute in Hülle und Fülle blüht,

lässt morgen schon die Köpfe

hängen. Deshalb ist heute dein

wichtigster Tag. Heute

ist es deine Aufgabe zu blühen

und Freude zu schenken.

Heute kann ein freundliches Wort,

ein Lächeln Mauern

durchbrechen und Eisberge schmelzen.

Der heutige Tag kann ein

echter Volltreffer sein.

Ein zärtlicher Blick

Voller Wunder ist die Natur,

voller Wunder auch dein Herz.

Wie viele verborgene Schätze liegen darin.

Öffne deine Schatzkiste jeden Morgen

und hol eine kleine Wundertüte daraus hervor:

einen zärtlichen Blick, ein zustimmendes

Lächeln, ein aufmunterndes Wort,

ein klitzekleines Dankeschön. Du wirst sehen,

wie wohl es dir und deiner Umgebung tut.

Mauern durchbrechen

Manchmal fühlst du dich alleingelassen.

Wer kann dir helfen? Die Antwort liegt in dir.

Wage du den ersten Schritt. Lass dich nicht zurückschrecken

von scheinbar undurchdringlichen Mauern.

Du weißt, es hat noch immer einen Durchbruch gegeben.

Mit ein bisschen Mut und Ausdauer

findest du ihn gewiss.

Noch staunen können

Ein blauer Himmel begrüßt dich
am Morgen, und schon sind
alle deine Sinne bereit. Und dann
siehst du zu deiner Freude noch ein weißes Wölkchen
dahinsegeln. Du schaust ihm staunend nach.
Liegt im Staunen-können nicht schon ein
ganzes Glück? Und wenn dir dann noch eine solche
Blumenwiese unter die Füße kommt,
kann es ein richtiger Festtag für dich sein.

Dankbares Herz

Bisweilen höre ich das
kleine Wörtchen „danke" noch.
Dann bin ich richtig froh;
denn mir begegnet gerade
ein Stückchen Himmel.
Ein dankbares Herz trägt
den Himmel in sich.
Es verbreitet eine wohltuende
Atmosphäre; es ist zufrieden
mit dem, was es hat und
gibt davon reichlich weiter.
Bist du nicht solch ein Mensch?

Sommerparadies

So ein schöner Garten,

solch ein Haus — sind sie nicht ein

kleines Sommerparadies? —

Auch du hast dein eigenes Paradies,

von dir geschaffen. Manches aber

ist dir auch einfach nur zugefallen.

Zufall? Was machst du damit? —

Lad andere ein. Teile mit ihnen dein

kleines Paradies und du wirst sehen, wie es

weiter wächst, ganz von allein.

Sich weiter öffnen

Da schiebt sich aus der Schale
eine reife Frucht, glatt und glänzend.
Eben war sie noch von einer
stacheligen Hülle umgeben. Die Stacheln
haben sie geschützt, haben ihr Wachsen erst
ermöglicht. — Wie viele Stacheln brauchst du,
um dich abzugrenzen, zu schützen,
zu wachsen und zu reifen?
Auch die Stacheln gehören zu dir.
Lerne sie zu schätzen.

Gewichte verlagern

Wie schnell können Goldbarren schwinden.

Die Zeiten sind danach.

Immer mehr ist nicht zu bezahlen.

Was wirklich zählt, ist ohnehin nicht zu kaufen.

Verlagere getrost deine Gewichte.

Leg Freundschaft in die Waagschale, Familie,

gute nachbarschaftliche Beziehungen

und die vielen kleinen wunderbaren Dinge

um dich herum.

Die nötige Tiefe

Reich an Jahren ist dein Leben,

reich an Erfahrungen und Begegnungen,

an glücklichen Zeiten, aber auch an

leidvollen Stunden. Verachte sie nicht.

Auch sie gehören zu dir und geben

deinem Lebensbild Konturen und Tiefe.

Heilsame Langsamkeit

Früher bist du vielleicht

durch das Leben gehastet.

Deine Zeit war verplant.

Dies und jenes musste noch

schnell erledigt werden.

Wie eine Tretmühle war das bisweilen. —

Jetzt hast du es nicht mehr so eilig.

Jetzt kannst du dir Zeit nehmen

und in aller Ruhe und mit einem Lächeln

im Gesicht eine Rose anschauen.

Die Tage leichtnehmen

Nimm diesen Tag wichtig,
aber stell dich dabei nicht in
den Mittelpunkt. Sieh den Schmetterling.
Er tut ganz selbstverständlich das,
was ihn mit Leichtigkeit leben lässt.
Alles Schwere liegt unter ihm.
Auch du kannst Ballast abwerfen.
Flügel wachsen dir dann. Du wirst sehen,
durch solche Verwandlungen wirst du
leichter von Jahr zu Jahr.

Zwei Ufer

Heute ist dein besonderer Tag,

ein runder Geburtstag, ein Jubiläum,

ein Hochzeitsgedenken...

Und du stehst mitten auf deiner Lebens-Brücke.

Sie verbindet die beiden Ufer Vergangenheit

und Zukunft. Schau liebevoll zurück

und gehe lebensfroh der neuen

Uferlandschaft entgegen.

Werde du

In meinem Poesiealbum steht noch ein Spruch,
der die Bescheidenheit des Veilchens rühmt
und den Stolz der Rose verachtet. —
Vergiss es. — Ob Veilchen oder Rose
oder sonst etwas, spielt dabei keine Rolle.
Sei du oder werde es. Finde unbeirrt heraus,
welche Samenkörner in dir schlummern
und bringe sie zum Blühen.
Du wirst staunen.

Was wirklich wiegt

Eine Waage zeigt dir unmissverständlich
dein äußeres Gewicht. Das aber,
was dich so einmalig macht, lässt sich
nicht messen und wiegen. Es ist ein
kostbarer Schatz, tief in dir: dein Wesen,
deine Sicht von der Welt, deine Zuneigung
den Menschen, dem Leben,
dem Himmel gegenüber. Sie lassen dich
leuchten und lange leben.

Gelassen weitergehen

Noch immer ein zärtliches Wort,

noch immer ein Lächeln im Gesicht,

noch immer ein Hand-in-Hand-Gehen,

ganz gelassen, das wünsche ich dir.

Und dass du deine Zuversicht behältst

und deine Freude und dich von

gar nichts unterkriegen lässt.

Was glaubst du, wie gut dir das tut

und wie es andere ansteckt.

Eva-Maria Leiber, geboren 1943 in Bleicherode/Thüringen. Studium der Germanistik und Romanistik in Göttingen. Später Studium der Theologie. Lange im Lehrberuf und in einer Kirchengemeinde tätig. Sie lebt mit ihrer Familie in Witzenhausen. Zahlreiche Veröffentlichungen ihrer meist lyrischen Texte in verschiedenen Anthologien, Zeitschriften und Kalendern.

Bibliografische Information der Deutschen Nationalbibliothek

Die Deutsche Nationalbibliothek verzeichnet diese Publikation in der Deutschen Nationalbibliografie, detaillierte bibliografische Daten sind im Internet über http://dnb.d-nb.de abrufbar.

„Reich an Jahren"
Bestell-Nr. 96021
ISBN: 978-3-8256-6021-5

Gesamtkonzeption: © Design-Studio Simon Baum
© 2009 by SKV-EDITION, Abt. der St.-Johannis-Druckerei C. Schweickhardt GmbH, Lahr/Schwarzwald
Gesamtherstellung: St.-Johannis-Druckerei C. Schweickhardt GmbH, Lahr/Schwarzwald